AF237581

Platincoin – Verkaufsgespräche

Wim Holtslag

Platincoin – Verkaufsgespräche

erfolgreich Partner gewinnen
durch Aktives Zuhören

Bibliografische Information der Deutschen Nationalbibliothek: Die Deutsche Nationalbibliothek verzeichnet diese Publikation in der Deutschen Nationalbibliografie; detaillierte bibliografische Daten sind im Internet über http://dnb.dnb.de abrufbar.

Herstellung und Verlag: BoD – Books on Demand, Norderstedt

*ISBN: 978-3-7528-**6858-6***

Inhalt

Für unzählige Aktionen zur Termingewinnung wurden von unterschiedlichsten Firmenleitungen stets horrende Summen zur Verfügung gestellt. Obwohl manches Mal viele Termine zustande kamen, wurden trotzdem relativ wenige Verträge abgeschlossen. Die Antwort auf diesen Widerspruch war einfach, aber schwer umzusetzen: Das „Verkaufsgespräch" im Termin war erfolglos.

Das Verkaufsgespräch führt der Verkäufer. Und das ist das Problem. Er muss lernen, seine Sprache professionell zu verwenden. Das kann nur er und das kann ihm keiner abnehmen.

Dieses Buch ist ein Versuch, den Verkaufserfolg zu steigern, also das Verkaufsgespräch zu verbessern.

Ich möchte all denen dieses Buch an die Hand geben, die im Verkauf tätig sind. Meine besondere Zielgruppe ist der Verkaufspartner von **PLATINCOIN**.

Ich will mit diesem Buch erreichen, dass die Verkaufspartner von **PLATINCOIN** mehr neue Partner gewinnen.

Das Thema des Buches ist also das Verkaufsgespräch. Anhand von Beispielen und Wiederholungen wichtiger Sätze versuche ich, die Verkaufspartner von **PLATINCOIN** auf bestimmte Feinheiten der Sprache aufmerksam zu machen. Ich bemühe mich dahingehend, dass sie lernen, mögliche Fehler der eigenen Sprache zu erkennen und diese auf Dauer zu vermeiden. Dieser Weg ist lang, führt aber zu mehr sichtbarem Erfolg, der sich letztendlich auch im Portemonnaie niederschlägt.

Ganz bewusst lasse ich alle fremdartigen Ausdrücke weg. Ich will auch nicht wissenschaftlich erklären, warum etwas funktioniert. Ich muss aber darauf hinweisen, dass meine Ausführungen auf Erkenntnissen beruhen, die zwei bedeutende amerikanische Psychologen, Carl Rogers und Marshall B. Rosenberg, beschrieben haben.

Von Rogers kommt der Begriff des **Aktives Zuhörens** und von Rosenberg der Begriff der alltäglichen **Wolfssprache** und empathischen **Giraffensprache**, die für eine gewaltfreie Kommunikation steht.

Wie soll man mit dem Buch umgehen?

Der Hauptteil besteht aus dreizehn Kapiteln. Jedes Kapitel beschäftigt sich mit der Darstellung eines gängigen Gesprächsstörers aus der Wolfssprache. Zu Beginn eines jeden Kapitels werden die wichtigsten Merkmale des **Aktiven Zuhörens** wiederholt, damit sie sich dem Leser einprägen. Es ist empfehlenswert, alle dreizehn Kapitel laut zu lesen, gerade auch die regelmäßigen Wiederholungen von Kapitel zu Kapitel. Zusätzlich zu den allgemeinen Beispielen werden Beispiele für ein **PLATINCOIN**-Verkaufsgespräch gegeben. Dieses Buch kann man immer wieder zur Hand nehmen, um sein **Aktives Zuhören** zu verbessern. Mit der Zeit wird das **Aktive Zuhören** in Fleisch und Blut übergehen und die Verkaufsgespräche werden immer besser und bereiten Freude – Erfolg eingeschlossen.

2017 wurde ein neues Kryptosystem PLATINCOIN ge-launcht. Bei PLATINCOIN handelt es sich um eine hybride Lösung auf Basis der revolutionären Blockchain Technologien: Proof-of-Work und Proof-of-Stake. Das innovative Kryptosystem verbindet ein soziales Netzwerk PLC Network, eine Crowdfunding Plattform PLC Business, ein Online-Geschäft PLC Market und eine Online-Lernplattform PLC Academy.

PLATINCOIN ist schon da, um die Welt und unsere Vor-stellungen über die Märkte, Geschäfte, Marketing und Finanzsysteme zu verändern. Aber davon haben nur we-nige eine Ahnung …

PLATINCOIN ist 2018 an drei Krypto-Börsen gelistet, dort mit 10 Euro-Cent eingestiegen und hat in kurzer Zeit 5.000 % Wertsteigerung erfahren.

PLATINCOIN ist mittlerweile in 18 Sprachen, auf allen Kontinenten, in über 140 Ländern tätig und beschäftigt über 60 Festangestellte.

PLATINCOIN zeichnet sich durch ein Reihe von Patenten und Weltneuheiten aus, wie zum Beispiel die Secure-Box, die sichere Offline-Wallet und den Krypto-Messenger, mit dem man nicht nur telefonieren und scypen kann, sondern mit den 8 größten Krypto-Währungen in einfa-cher Form handeln kann. Bis zum Jahresende 2018 sollen Debit-Cards an alle verifizierten Usern ausgeliefert sein, mit denen man sich EURO – aus umgewandelten Coins – weltweit bei allen Geldautomaten auszahlen lassen kann.

PLATINCOIN ist, wie geplant, auf dem besten Wege, massentauglich zu werden.

9

Aus den AGB von PLATINCOIN:

„Ethische Regeln….Bei dem Vertrieb unserer Waren und dem Kontakt mit anderen Menschen steht für uns stets die Verbraucherfreundlichkeit und - sicherheit, Seriosität, ein faires Miteinander sowie die Wahrung der Gesetze und gute Sitten unverrückbar im Vordergrund. Dies trifft zu im gesamten Umfeld des Netzwerk-Marketings….

Unsere Vertriebspartner beraten ihre Kunden ehrlich und aufrichtig und klären etwaige Missverständnisse zu Waren, der Geschäftsmöglichkeit oder anderen Aussagen während eines Beratungsgesprächs auf. …

Während eines Kundenkontakts informiert der Vertriebspartner den Verbraucher über sämtliche Punkte, welche die Ware (z.B. Verwendungszweck, Beschaffenheit, Anwendung) oder auch – auf Wunsch des Verbrauchers – die Vertriebsmöglichkeit betreffen.

Alle Informationen zu den Waren müssen umfassend sein und der Wahrheit entsprechen."

Diese ethischen Regeln sind mit dem empathischen Umgang (**Aktives Zuhören**) mit Kunden kompatibel.

Es gibt m. E. so gut wie keine Firma, die solche ethische Regeln in ihren AGB hat wie **PLATINCOIN.**

10

Aktives Zuhören ist die bekannteste Möglichkeit, die Kommunikation entscheidend zu verbessern. In den sozialen Berufen gehört das Erlernen dieser Fähigkeit zu den grundlegenden Erfordernissen – und natürlich im Verkauf!

Als **Aktives Zuhören** bezeichnet man das Bemühen, sich in die Gefühls- und Gedankenwelt des Gesprächspartners einzufühlen. Wichtig ist dabei, dass man die eigenen Bewertungen zunächst völlig außeracht lässt. Anstatt diese eigenen Ansichten und Bewertungen in das Gespräch einzubringen, soll man versuchen, das Wesentliche dessen, was der Gesprächspartner verbal und nonverbal ausgedrückt hat, mit **eigenen Worten** aufzugreifen und dabei auch die hinter den Schilderungen sich abzeichnenden Gefühle mit anzusprechen. Bei Verständnisschwierigkeiten sollte man nachfragen, damit man den Partner möglichst gut versteht.

Dieses Gesprächsverhalten hat besondere Vorteile:

1. Der jeweilige Zuhörer muss sich auf den Gesprächspartner und auf das, was dieser sagt, wirklich konzentrieren.
2. Der Zuhörer muss den Gesprächspartner ernstnehmen.
3. Der Gesprächspartner kann an den Äußerungen des Zuhörenden erkennen, ob er überhaupt richtig verstanden worden ist.
4. Das Gespräch bekommt Tiefe, weil derjenige, der über seine Erfahrungen, Gedanken und Gefühle sprechen kann und dabei erlebt, dass er genau

verstanden wird, zu immer weiter vordringenden Erkenntnissen bzw. Problemlösungen gelangt.

Aktives Zuhören signalisiert dem Gesprächspartner:

1. Ich bin an dir interessiert und an dem, was du sagst.
2. Erzähle mir noch mehr.
3. Ich möchte dich gerne verstehen und noch besser erfassen, was du meinst.

Aktives Zuhören kann sich äußern,

- indem man das, was verbal oder nonverbal ausgedrückt wird, mit eigenen Worten umschreibt und dabei auch die vermuteten Gefühle anspricht
- durch Zusammenfassen des Gesagten
- durch klärendes Nachfragen
- indem man Zusammenhänge aufzeigt.

Da wir uns unter Platincoin-Partner/innen duzen, bleibe ich auch in diesem Büchlein dabei. Auch bleibe ich aus Gründen der Einfachheit bei der männlichen Form. Die Partnerinnen mögen es mir verzeihen.

Dieses Buch hat eine wiederkehrende Seitenstruktur, um das Lernen und Zurückblättern zu erleichtern.
Nach jedem Kapitel habe ich absichtlich Seiten frei gelassen, damit jeder hier seine Ideen notieren kann, um sie eventuell in Gesprächen zu verwenden.

Tipps sind Ratschläge und Ratschläge sind Schläge, also Gesprächsstörer. Aber ich führe hier jetzt kein Gespräch, sondern schreibe meinen Lesern.
Bitte versucht zuzuhören. Ihr werdet bei Kunden wiederkehrende Ausreden und Einwände hören. Schreibt Sie in die leeren Seiten und sucht nach passenden Gesprächsförderern.
Auch das **Aktive Zuhören** muss man üben.
Formuliert selbst eigene Verkaufsgespräche und schreibt sie auf.

Während der Einübungs-und Trainingsphase, die erfahrungsgemäß einen längeren Zeitraum beansprucht, entsteht häufig der Eindruck einer unechten Gesprächshaltung. Dies lässt sich kaum vermeiden. Entscheidend ist aber das Ziel, das Einfühlungsvermögen, die Empathie, so zu verbessern, dass eine echte Gesprächshaltung entsteht. Am Anfang kann man sich auf den Beginn eines Gespräches konzentrieren oder auf den Hauptteil oder auf das Ende, den Abschluss. Man kann nicht alles auf einmal lernen, sondern nur nach und nach.

Man kann sich zum Beispiel vornehmen, pro Tag nur einen Gesprächsstörer zu nehmen, um an ihm zu lernen und zu üben und wie man ihm am besten begegnet.

Dieses Buch kann man zwar schnell durchlesen und meinen, dass man das alles ja kennt, aber dem ist nicht so.

Wir alle sind in dieser Gesellschaft durch Familie, Schule und Beruf zur Wolfssprache erzogen.

Von Natur aus liegt uns die Giraffensprache aber viel besser. Die Giraffe hat übrigens das größte Herz aller Landsäugetiere und genießt mit ihrem langen Hals den Überblick. Das große Herz soll als Sinnbild für die besondere Fähigkeit zur Empathie stehen. Mit Empathie versteht man die Fähigkeit, sich in den anderen hineinversetzen zu können.

Doch was passiert eigentlich, wenn wir in einem Gespräch uns in die Gedanken- und Gefühlswelt des Kunden hineinversetzen? Die Antwort ist so einfach wie schwer: Wir bauen eine Beziehungsebene auf.

Nur wenn eine Beziehungsebene zwischen euch und dem Kunden aufgebaut ist, wird ein Verkauf erst möglich, ohne eine ehrliche Beziehung unmöglich.

Eine alte pädagogische Weisheit besagt:

Beziehungsebene geht vor Inhaltsebene.

Dieser Satz ist so wichtig wie das ganze Buch über das **Aktive Zuhören.**

Also haltet immer im Hinterkopf den Anspruch bereit:
Ich will die Beziehung zum Kunden aufbauen.
Da geht kein Weg dran vorbei.

14

Kapitel I

Aktives Zuhören umfasst:

1. Wiederholen
2. Klären
3. Nachfragen
4. Denkanstoß geben
5. Gefühle ansprechen

Bisher besprochene Gesprächsstörer:

An dieser Stelle werden regelmäßig
zu Beginn jeden Kapitels die erklärten
Gesprächsstörer aufgelistet.

Der Gesprächsstörer Nr.1:

Befehlen, anordnen

Allgemeines Beispiel:

A: Das ist aber auch ein fieses Wetter!
B: Zieh die Schuhe aus!
A: Lohnt nicht, ich geh gleich wieder.
B: Ach was, zieh schon deine Schuhe aus.

Im Verkaufsgespräch kommt die Form des Befehlens recht selten vor, aber als Gesprächsstörer muss sie an erster Stelle erwähnt werden, weil das Befehlen einer der massivsten Gesprächsstörer ist. Nicht von ungefähr wird der Befehl in der Armee systematisch eingesetzt, um jegliches Gespräch zu unterbinden, Fragen und Kritik gar nicht erst aufkommen zu lassen, um jegliche eigenständige kreative Leistung zu vernichten.
Bitte erinnert euch an eure Kindheit. Die Kindheit ist voll von Befehlen. Ich will das gar nicht weiter ausführen. Da kann sich jeder einmal überlegen, wie man selbst auf Befehle reagiert.

Aber bleiben wir bei dem obigen Beispiel:
B: könnte ja auch etwas anderes sagen, z.B.:
Bitte schau einmal auf den Boden. Ich habe mir viel Mühe gemacht, ihn zu reinigen. Bitte sei so lieb und nimm Rücksicht. Ich fände es nett von dir, wenn du deine Schuhe an der Tür ausziehen würdest. Das würde mir sehr helfen. Ich danke dir.

16

Auch wenn der eine oder andere sagen würde, das ist nicht realistisch, aber denkt euch jetzt mal die Antwort von oben:

A: Bitte schau einmal auf den Boden. Ich habe mir viel Mühe gemacht, ihn zu reinigen. Bitte sei so lieb und nimm Rücksicht. Ich fände es nett von dir, wenn du deine Schuhe an der Tür ausziehen würdest. Das würde mir sehr helfen. Ich danke dir.

B: Lohnt nicht, ich geh gleich wieder.

Das passt nicht mehr, merkt ihr das auch?

Dieser Satz würde garantiert nach der Ansprache einer Mutter niemals kommen. Davon bin ich überzeugt.

Verkaufsgespräch für Platincoin:

Man kann mit "Sprache" Verhalten steuern und Bewusstsein fördern, Fehlverhalten vermeiden und Zustimmung gewinnen.
Eigentlich ist alles ganz einfach. Es wird nur nicht praktiziert.
Ein ehrlicher Berater und Partner von Platincoin würde niemals etwas in einem Befehlston sagen. Das versteht sich von selbst. Trotzdem kann es sein, dass ein Kunde einen Befehl von sich gibt. Das sollte einen Berater aber nicht verleiten, ebenso in irgendeiner Weise aggressiv zu antworten, sondern dem Befehl, der in der Regel Nebensächlichkeiten zum Ausdruck bringt, nachzukommen. Sollte ein Kunde sich in solch einer Form ausdrücken, sollten beim Berater die Allarmglocken klingen.
Hier ist Vorsicht geboten. Aus meiner Erfahrung heraus muss ich leider sagen, dass man sich von diesem Kunden verabschieden sollte und einen möglichst freundlichen Eindruck hinterlassen. Mit einem aggressiv dominanten Kunden kann man kein sinnvolles Gespräch führen. Hier sollte man seine kostbare Zeit nicht verschwenden und den Termin „abhaken".

Beispiel einer möglichen Reaktion:

Kunde: Parken Sie Ihren Wagen nicht vor unserer Garage.
Berater: Entschuldigung. Es war nicht meine Absicht, Ihre Garage zu blockieren. Bitte sehen Sie mir das nach und warten Sie einen kleinen Moment, bis ich einen anderen Parkplatz gefunden habe. Ich bin sofort wieder da und stehe Ihnen zur Verfügung.

Notizen:

Kapitel II

Aktives Zuhören umfasst:

1. Wiederholen
2. Klären
3. Nachfragen
4. Denkanstoß geben
5. Gefühle ansprechen

Bisher besprochene Gesprächsstörer:

- Befehlen, anordnen

Der Gesprächsstörer Nr. 2:

Warnen, drohen

Allgemeines Beispiel:

A: Wenn du keine Lust hast, am Wochenende mitzufahren, fahr ich alleine...
B: Wenn du das tust, wirst du schon sehen, was du davon hast.

Diese Reaktion von B ist ein krasses Beispiel, das nun überhaupt nicht geht. Hier wird die Kommunikation massiv gestört. Warnen und Drohen sollte man aus seinem täglichen Vokabular komplett ausmerzen. Wer meint, sich eine solche Haltung „leisten" zu können, geht in der Regel fälschlicherweise davon aus, die Macht über seinen Gesprächs"Partner" zu haben. Im **Aktiven Zuhören** geht es um das Gegenteil von Macht und Machtgehabe, nämlich um Verständigung.

Für A ist das Gespräch beendet.

Verkaufsgespräch für Platincoin:

Beispiel:

Kunde: Wenn Sie am Wochenende keinen Termin wahrnehmen können, können wir es auch ganz lassen.

Wenn ein Kunde sich derart äußert, hat der Berater den Fehler gemacht, Termine am Wochenende per se auszuschließen. Hier muss der Berater sich korrigieren und einen Termin am Wochenende in Aussicht stellen. Zudem steckt in der Aussage des Kunden aber auch eine gewisse Aggressivität, die verschiedene Ursachen haben kann: Der Kunde ist generell „auf Krawall gebürstet" oder er meint vielleicht, beleidigt worden zu sein, er droht, um den Berater zu provozieren und ihn zu dominieren.

Hier muss der Berater besonders aufmerksam sein und nicht „aus dem Bauch heraus" emotional reagieren, sondern versuchen, die Aggressivität herauszunehmen und Verständnis für die terminliche Enge des Kunden aufzubringen.

Er könnte z. B. so antworten:
Berater: Wenn ich Sie richtig verstehe, wünschen Sie einen Termin am Wochenende. Das lässt sich natürlich einrichten. Welches Wochenende kommt Ihnen besser aus, das nächste oder erst das übernächste?

Notizen:

Kapitel III

Aktives Zuhören umfasst:

1. Wiederholen
2. Klären
3. Nachfragen
4. Denkanstoß geben
5. Gefühle ansprechen

Bisher besprochene Gesprächsstörer:

- Befehlen, anordnen
- Warnen, drohen

Der Gesprächsstörer Nr. 3:

Verspotten, ironisieren, beschimpfen, Klischees verwenden

Allgemeines Beispiel:

A: Warum bist du in der Stadt so stur an mir vorbeigelaufen?
B: Ach du meine Güte, das hat dich wohl wieder einmal aus der Bahn geworfen.

Dieser Gesprächsstörer erweckt vordergründig fälschlicherweise den Eindruck, die prekäre Lage von A zu verstehen. Dem ist aber bei Weitem nicht so. B verspottet A und macht sich quasi über ihn lustig. Jedenfalls ernst nimmt er A nicht.

Verkaufsgespräch für Platincoin:

Kunde: Ich habe Sie vorige Woche in der Stadt gesehen. Aber da sind Sie stur an mir vorbeigelaufen.

Berater: Da muss ich wohl in irgendwelchen Gedanken vertieft sein. Ich hoffe, Sie nicht über die Massen beleidigt zu haben. Es soll nie wieder vorkommen.

Kunde: Nun, so tragisch ist es ja auch nicht. Kommen wir zur Sache. Sie wollten mich sprechen.

Berater: Ja, das stimmt. Ich bin froh, dass Sie mich direkt ansprechen. Es brennt mir richtig auf der Seele, Ihnen von den neuen Möglichkeiten, die sich nun aufgetan haben, zu berichten.

Kunde: Da bin ich ja mal gespannt.

Berater: Sie haben doch schon von Bitcoin gehört, nicht wahr?

Kunde: Ja, aber der Zug ist abgefahren. Und, was ich noch gehört habe, ist der Kurs ja wieder ziemlich im Keller.

Berater: Das hört sich im ersten Moment ja dramatisch an. Aber mit Keller meint man einen Coinwert von über 5.000 €uro. Stellen Sie sich vor, Sie hätten damals 1.000 € investiert, wie gesagt nur einmalig, dann könnten Sie sich heute 5 Millionen € auszahlen lassen. Und das nennt man dann Keller.

Kunde: So genau habe ich das noch nicht betrachtet.

Berater: Ich merke, dass Sie nachdenklich werden.

Kunde: Ja, aber damals konnte sich das ja keiner vorstellen.

Berater: Das ist wohl wahr. Auch ich habe den damaligen Zeitpunkt verpasst. Deswegen war ich freudig überrascht, dass es nun eine zweite Chance gibt. Hier schauen

Sie mal. (Ich öffne mein Handy und zeige ihm die Seite, die den Sprung von 5 auf 10 und 50 dokumentiert.)

Berater: Die neue Währung heißt Platincoin und ist schon an drei Börsen gelistet. Jetzt stehen wir wieder an einem Anfang und haben wieder eine solche Chance. Ich habe sie genutzt. Ich will sie nicht ein zweites Mal verpassen. Platincoin hat an der Börse auch mit 10 Cent angefangen und liegt jetzt schon bei 5 €uro. Das ist eine Wertsteigerung, die das Wasser in die Augen treibt. Das sind ganze 5.000 Prozent und wir liegen erst bei 5 €uro.

Kunde: Was ist denn das Minimum, mit dem man da einsteigen kann?

Berater: Ich habe das Gefühl, dass Sie diese einmalige Chance erkannt haben.

Kunde: Gut, aber da gibt es ja keine Sicherheiten oder Garantien.

Berater: Garantien gibt es natürlich keine. Übrigens bei Bitcoin damals auch nicht. Trotzdem produzierte Bitcoin über 12.000 Millionäre. Das ist auf jeden Fall sicher. Jetzt hängt es von Ihnen ab, wie mutig Sie sind und wie reich Sie werden wollen. Der kleinste Einstieg liegt bei 107 €uro, der höchste bei 107.000 €. Ich habe mittlerweile über 100 Partner und zeige Ihnen mal, was die anderen alle so eingezahlt haben. (Ich öffne wieder mein Handy und gehe über die Bonusstatistiken in die Zahlungseingänge. Der Kunde guckt sehr neugierig und kommt aus dem Staunen nicht mehr heraus.)

Kunde: 1.000 € sind mir zu viel. Geht auch 250, das haben sehr viele gemacht, wie ich unschwer erkennen kann.

Berater: Das ist eine sehr gute Wahl. Da sind Sie auf der sicheren Seite und damit später auch nur Sie ihr Geld bekommen und es nicht in falsche Hände fließt, müssen

Sie sich registrieren. Das ist aber kostenlos. Das können wir hier sofort an Ort und Stelle machen.

Alles Weitere kann man sich selbst denken...

Notizen:

Kapitel IV

Aktives Zuhören umfasst:

1. Wiederholen
2. Klären
3. Nachfragen
4. Denkanstoß geben
5. Gefühle ansprechen

Bisher besprochene Gesprächsstörer:

- Befehlen, anordnen
- Warnen, drohen
- Verspotten, ironisieren, beschimpfen, Klischees verwenden

Der Gesprächsstörer Nr. 4:

Vorwürfe machen, beschuldigen, widersprechen

Allgemeines Beispiel:

A: Die beruflichen Anforderungen, die an mich gestellt werden, kann ich einfach nicht erfüllen.
B: Du gehst auch viel zu weich mit dir um, du kannst dich einfach nicht zusammenreißen.
A denkt: Muss ich mir das wirklich sagen lassen? Wie ich mit mir umzugehen habe, ist ja wohl meine eigene Sache. Das kann B gar nicht beurteilen. Ich habe keine Lust mehr, mich mit ihm zu unterhalten. Der soll mit sich selbst mal besser umgehen.
Das Gespräch ist innerlich schon „gestorben". Der Gesprächsstörer „Vorwurf" ist tödlich.

Aktives Zuhören würde ganz anders aussehen, zum Beispiel:
A: Die beruflichen Anforderungen, die an mich gestellt werden, kann ich einfach nicht erfüllen.
B: Wie es scheint, fühlst du dich überfordert und das macht dir Angst, nicht wahr?
A: Ja, ich weiß nicht, was ich zuerst und zuletzt machen soll. Aber irgendwie muss ich da rauskommen

B zeigt, dass er A versteht, indem er die Aussage von A wiederholt und das dahinter liegende Gefühl anspricht. A spürt das Verständnis und sucht selbst nach einer Lösung seines Problems, usw…

32

Verkaufsgespräch für Platincoin:

Kunde: Alle wollen nur an mein Geld, meine Familie hält immer die Hand auf, die Versicherungen, das Finanzamt und nun auch noch die Altersvorsorge. Ich weiß gar nicht mehr, wo mir der Kopf steht.
(Gesprächsstörer) Berater: Sie sind viel zu nachgiebig. Sie sollten klare Prioritäten setzen.

Mal wieder so ein Beispiel, bei dem der Berater nicht auf die Verunsicherung des Kunden, also seine Aussage eingeht, sondern ihm den Vorwurf macht, dass er zu nachgiebig sei. Das kann ja vielleicht sogar stimmen, aber die Art der Analyse fördert nicht den Fortgang des Gesprächs, sondern torpediert es. Kein Kunde will sich von einem Berater sagen lassen, dass er falsche Prioritäten setzt usw.

Mit Anwendung des **Aktiven Zuhörens** könnte das Gespräch in Gang gehalten werden:

Noch einmal:
Kunde: Alle wollen nur an mein Geld, meine Familie hält immer die Hand auf, die Versicherungen, das Finanzamt und nun auch noch die Altersvorsorge. Ich weiß gar nicht mehr, wo mir der Kopf steht.
Berater: Da wird einem ja schon beim Zuhören schwindelig.
Kunde: Sie haben den Nagel auf den Kopf getroffen. Ich muss auf jeden Fall etwas ändern.
Berater: Sie überlegen jetzt, wo Sie etwas einsparen oder auch umschichten können.

Kunde: Bei der Familie will ich nichts ändern und beim Finanzamt habe ich keine Chance.

Berater: Und Versicherungen haben ja auch ihre Berechtigungen. Da bleibt ja nur noch die Altersvorsorge. In diesem Punkt hat mir Platincoin geholfen. Da habe ich richtig viel gespart.

An diesem Beispiel kann man gut erkennen, dass **Aktives Zuhören** die Vermeidung von Gesprächsstörern ist und wie leicht es eigentlich ist, Gespräche in die richtige Richtung zu bringen.

Leider haben wir die Gesprächsstörer derart in uns aufgesogen, dass wir sie gebrauchen, ohne es zu merken, nur weil wir immer glauben, im Recht zu sein.

Aktives Zuhören fördert auch die Fähigkeit zur Selbstkritik. Man denkt mehr über das Gesagte nach und wird vorsichtiger mit einer eigenen Behauptung.

Notizen:

Kapitel V

Aktives Zuhören umfasst:

1. Wiederholen
2. Klären
3. Nachfragen
4. Denkanstoß geben
5. Gefühle ansprechen

Bisher besprochene Gesprächsstörer:

- Befehlen, anordnen
- Warnen, drohen
- Verspotten, ironisieren, beschimpfen, Klischees verwenden
- Vorwürfe machen, beschuldigen, widersprechen

Der Gesprächsstörer Nr. 5:

<u>Lebensweisheiten zum Besten geben</u>

Allgemeines Beispiel:

A: Ich habe überhaupt keine Lust mehr zu arbeiten.
B: Jeder Mensch muss arbeiten.

Erstens ist jede Verallgemeinerung nur zum Teil richtig. Diese hier ist sogar falsch. Es gibt genug Millionäre, die nicht arbeiten müssen. Aber davon ganz abgesehen. B geht nicht auf den Gefühlszustand von A ein, sondern geht sogar noch darüber hinweg. A kann sich so gar nicht verstanden fühlen, sondern fühlt sich eher abgewertet.
Bei A wird sich Widerstand aufbauen und er wird wahrscheinlich missmutig bis aggressiv darauf reagieren. Jedenfalls wird hier das Gespräch in seinem Fortgang massiv gestört.

Hier noch einmal A:
A: Ich habe überhaupt keine Lust mehr zu arbeiten.

Unter Verwendung des **Aktiven Zuhörens** könnte B zum Beispiel das Gespräch so weiterführen:

B: Mir scheint, dass dir die ganze Arbeit zu viel wird.
A: Ich weiß jetzt schon, dass wieder Überstunden nötig werden, wo ich mich doch heute Abend mit meiner Freundin treffen wollte.
Jetzt weiß B auch, wo der Hase herläuft. Letztlich ist es nicht die Arbeit an sich, sondern die Angst, die Freundin

36

nicht treffen zu können. So hat B nicht nur das Gespräch fortgeführt, sondern auch Hintergründe erfahren. Das Gespräch geht nun sogar in die Tiefe.

Verkaufsgespräch für Platincoin:

Kunde: Ich habe höchsten eine halbe Stunde Zeit für Sie. Meine achtzehnjährige Tochter kommt gleich nach Hause und sie will etwas Wichtiges mit mir besprechen. (Gesprächsstörer) Berater: Wie sagt man? Kleine Kinder kleine Sorgen, große Kinder große Sorgen.

Hier wird weder das Gespräch gefördert, noch in die richtige Richtung gelenkt. Aus meiner Erfahrung würde der Kunde nun auch irgendeine Plattitüde aus dem Nähkästchen holen. Aber vielleicht korrigiert er auch den Berater und bittet ihn, zur Sache zu kommen. Aber auch das wäre eine Falle, die der Berater sich selbst gebaut hat. Er wäre nun gezwungen, einen Vortrag zu halten und die vielen Vorzüge von **Platincoin** darzustellen. Aber dann ist die Zeit fast um und der Kunde bricht mit dem Satz ab: Das ist ja alles sehr interessant, das werde ich mir nun in aller Ruhe überlegen und noch eine Nacht drüber schlafen. Sie wissen ja, gleich kommt meine Tochter.

Aktives Zuhören würde sich anders anhören: Kunde: Ich habe höchstens eine halbe Stunde Zeit für Sie. Meine achtzehnjährige Tochter kommt gleich nach Hause und will etwas Wichtiges mit mir besprechen. Berater: Gut, dass Sie mir sagen, dass Sie eine halbe Stunde Zeit für unser Anliegen haben. Am Telefon hatten

Sie bereits angedeutet, dass Sie Ihre Altersvorsorge überdenken wollten.

Kunde: Richtig, die Sache mit dem Riestern ist wohl nicht das Gelbe vom Ei. Wie sehen Sie das? Das geht doch gewaltig den Bach runter, was man so hört.

Berater: Damals war Ihre Entscheidung sicherlich richtig, aber die Zeiten haben sich geändert und auch die technischen Möglichkeiten haben sich gewaltig verbessert. Während auf der einen Seite die Versicherungen leiden, machen andere Riesengewinne. Würden Sie nicht auch lieber daran teilhaben?

Kunde: Wer macht denn heutzutage noch Gewinne?

Berater: Schauen Sie mal auf mein Handy. Sehen Sie da 5 und dann 10 und dann 50? ...

Notizen:

Aktives Zuhören umfasst:

1. Wiederholen
2. Klären
3. Nachfragen
4. Denkanstoß geben
5. Gefühle ansprechen

Bisher besprochene Gesprächsstörer:

- Befehlen, anordnen
- Warnen, drohen
- Verspotten, ironisieren, beschimpfen, Klischees verwenden
- Vorwürfe machen, beschuldigen, widersprechen
- Lebensweisheiten zum Besten geben

Der Gesprächsstörer Nr. 6:

<u>Nicht ernst nehmen, widersprechen</u>

Allgemeines Beispiel:

A: Ich bin wieder einmal völlig fertig und mit meinen Nerven am Ende.
B: Ja, aber du hast doch alles, was du wolltest und allen Grund, zufrieden zu sein.

B nimmt A nicht ernst und widerspricht dem artikulierten Gefühl des empfundenen Elends. Wie kann denn A nach einem solchen Satz reagieren? Er kann ja nur sagen: Hörst du mir nicht zu? Auch wenn ich alles hätte, mir geht´s schlecht, versteh das doch endlich. Ich bin am Ende. A wird sauer und hält das Gespräch für beendet.

Mit **Aktivem Zuhören** kann man die Situation entschärfen und eventuell versachlichen, mit dem Ziel, der Ursache auf den Grund zugehen.

Hier noch einmal:
A: Ich bin wieder einmal völlig fertig und mit meinen Nerven am Ende.
Aktives Zuhören:
B: Du betonst, dass es nicht das erste Mal ist, dass du mit den Nerven am Ende bist.
A: Ach, das wird ja immer schlimmer, seit meine Frau diesen Job angenommen hat. Nach der Arbeit muss ich noch im Haushalt mit anpacken. Na du weißt schon …

Verkaufsgespräch für Platincoin:

Kunde: Wenn ich das gewusst hätte, dass der heutige Tag so anstrengend würde, hätte ich den Termin mit Ihnen ganz sicher verschoben.

Berater: Ich verstehe, dass Sie heute einen schlimmen Tag überstanden haben. Darum werde ich versuchen, mich möglichst kurz zu fassen, damit Sie in den wohlverdienten Feierabend kommen.

Kunde: Das kommt mir sehr entgegen. Um es ebenfalls kurz zu machen, ich hatte am Telefon nicht verstanden, wie man bei Platincoin Geld anlegen kann. …

Notizen:

Aktives Zuhören umfasst:

1. Wiederholen
2. Klären
3. Nachfragen
4. Denkanstoß geben
5. Gefühle ansprechen

Bisher besprochene Gesprächsstörer:

- Befehlen, anordnen
- Warnen, drohen
- Verspotten, ironisieren, beschimpfen, Klischees verwenden
- Vorwürfe machen, beschuldigen, widersprechen
- Lebensweisheiten zum Besten geben
- Nicht ernst nehmen, widersprechen

Der Gesprächsstörer Nr. 7:

<u>Überreden</u>

Allgemeines Beispiel:

A: Wenn ich ehrlich bin, hab ich am Wochenende keine Lust, in die Berge zu fahren.
B: Überlege doch mal. Sonne. Schnee, blauer Himmel …

A merkt bei B sofort, dass B ihn überreden möchte. Darum wird A nun Einwände oder Ausreden oder sogar vollständige Ablehnungen verwenden, um das Gespräch in eine andere Richtung zu bringen. Auf jeden Fall wird das Gespräch durch den Überredungsversuch durch B gestört, der Fortgang behindert.

In diesem Fall wäre eine fortführende Zusammenfassung eher geeignet, das Gespräch in die angedachte Richtung weiterzuführen. Das könnte zum Beispiel so aussehen:

A: Wenn ich ehrlich bin, hab ich am Wochenende keine Lust, in die Berge zu fahren.
B: Du sagst mir deine ehrliche Meinung. Zwar würdest du am Wochenende wohl wegfahren, aber Berge scheinen für dich nicht infrage zu kommen.
A: Du hast es erfasst. Ich habe ja nichts gegen Sonne und blauen Himmel, aber mir ist das Wandern auf- und abwärts einfach zu mühselig.
B: Dann sind es nicht eigentlich die Berge, also die Landschaft, die dich abschreckt, sondern eher das

44

anstrengende Wandern. (**Aktives Zuhören** durch Wiederholung des Gehörten mit einem danach folgenden Denkanstoß)

A: Richtig. Ich bin erholungsbedürftig und will mich einfach nur ausruhen.

B: Vielleicht finden wir einen Kompromiss, der dir Erholung verschafft und uns die Möglichkeit bietet, auch zu wandern. Ich kenne da eine Almhütte mit Liegestühlen, um sich in die Sonne zu legen, dazu ein kühles Pils und abends gibt es ein Buffet mit allem, was das Herz begehrt.

A: Das könnte mir schon eher gefallen. Vielleicht fahre ich doch mit in die Berge.

Verkaufsgespräch für Platincoin:

Kunde: Wenn ich ehrlich bin, habe ich überhaupt keine Lust über Geldanlagen zu sprechen.

Berater: Ich kann gut verstehen, dass Ihnen grundsätzlich nicht danach ist, über Geldanlagen zu reden. (**Aktives Zuhören**)

Kunde: Grundsätzlich will ich nicht unbedingt sagen, ich habe ja welche, aber man wird ja von allen Seiten damit bombardiert.

Berater: Da prasselt wohl sehr viel auf Sie ein. (**Aktives Zuhören** mit eigenen Worten)

Kunde: Das kann man wohl sagen. Und seien wir doch mal ehrlich, wo gibt es denn heute noch vernünftige Zinsen.

Berater: Das ist wohl wahr. Die Märkte haben sich verschoben. (**Aktives Zuhören** mit Denkanstoß)

Kunde: Die Masse der Armen wird immer größer und die Reichen immer reicher.

Berater: Auch da muss ich Ihnen Recht geben. Mit einer Ausnahme: Wer damals nur eine kleine Summe in Bitcoin investiert hatte, ist heute Millionär.

Kunde: Der Zug ist abgefahren. Außerdem sind die ja wieder ganz schön abgerutscht. ...

Notizen:

Aktives Zuhören umfasst:

1. Wiederholen
2. Klären
3. Nachfragen
4. Denkanstoß geben
5. Gefühle ansprechen

Bisher besprochene Gesprächsstörer:

- Befehlen, anordnen
- Warnen, drohen
- Verspotten, ironisieren, beschimpfen, Klischees verwenden
- Vorwürfe machen, beschuldigen, widersprechen
- Lebensweisheiten zum Besten geben
- Nicht ernst nehmen, widersprechen
- überreden

Der Gesprächsstörer Nr. 8:

Von sich reden

Allgemeines Beispiel:

A: Du, ich hab mir ein neues Auto gekauft.
B: So. Also, ich fahr immer noch mit meinem alten und kann nicht klagen.

A hätte so gerne von seinem neuen Auto erzählt, aber das Gespräch wurde dadurch gestört und regelrecht unterbunden, weil B anfing, von seinem Auto zu reden.

Auch hier handelt es sich um einen Gesprächsstörer, der im ersten Moment als solcher gar nicht schnell erkannt wird.

In einem zwanglosen Gespräch unter Freunden ist ein solcher Gesprächsstörer auch nicht sehr relevant, weil ein guter Freund seinen Freund B einfach korrigiert und trotzdem von seinem neuen Auto erzählt.

Im Verkaufsgespräch kann dieser Gesprächsstörer das Geschäft „vermasseln".

Verkaufsgespräch für Platincoin:

Kunde: Wir haben neu gebaut.
(Gesprächsstörer) Berater: Wir bleiben in unserer großen Mietwohnung mitten in der City, wo wir uns immer noch am wohlsten fühlen.

„Von sich reden" ist ein Gesprächsstörer. Der Kunde hätte gerne noch von seinem neuen Haus geschwärmt, aber der Berater hat ihn abgewürgt. Hier hat der Berater völlig versagt.

Mit **Aktivem Zuhören** kann man einen solchen Fehler vermeiden:
Berater: Als ich hier vorfuhr, habe ich sofort gesehen, dass Sie neu gebaut haben.
Kunde: Ja und wir wohnen hier schon drei Wochen, trotzdem ist noch viel zu machen.
Berater: Trotzdem haben Sie noch Zeit gefunden, einen Termin mit mir wahrzunehmen.
Kunde: Ja. Meine Sorge ist die Zeit nach der Zinsfestschreibung. Jetzt sind die Zins ja sehr niedrig und wir haben daher auf 15 Jahre festgemacht. Da bleibt ja noch eine riesige Summe und man weiß nicht, wie dann die Zinsen sind.
Berater: Da sind Sie sicherlich nicht der einzige. Haben Sie schon einmal überlegt, dagegen zu sparen?
Kunde: Ja. Dafür habe ich einen Bausparvertrag eingerichtet. Die Lebensversicherungen sind ja auch am Ende und beim Bausparen hat man wenigstens gesicherte Niedrigzinsen.
Berater: Sie haben also einen Bausparvertrag und sind trotzdem noch dabei zu überlegen.

Kunde: Um später alles ablösen zu können, müsste ich jeden Monat fast 500 €uro investieren. Das kann ich mir beim besten Willen nicht leisten.

Berater: Erinnern Sie sich noch an Bitcoin?

Kunde: Na klar, aber die sind ja seit Neuesten auch im Keller.

...

Notizen:

Aktives Zuhören umfasst:

1. Wiederholen
2. Klären
3. Nachfragen
4. Denkanstoß geben
5. Gefühle ansprechen

Bisher besprochene Gesprächsstörer:

- Befehlen, anordnen
- Warnen, drohen
- Verspotten, ironisieren, beschimpfen, Klischees verwenden
- Vorwürfe machen, beschuldigen, widersprechen
- Lebensweisheiten zum Besten geben
- Nicht ernst nehmen, widersprechen
- Überreden
- Von sich reden

Der Gesprächsstörer Nr. 9:

Bewerten, kritisieren, loben, zustimmen

Allgemeines Beispiel:

A: Stell dir vor, ich habe mich endlich überwunden, ich werde jetzt eine Tageszeitung bestellen.
B: Find ich sinnlos. Du hast doch schon eine Wochenzeitung.

Jetzt ist A gefordert: Er muss sich rechtfertigen, wenn er bei seiner Entscheidung bleiben will. Aber diese Abwertung von B, es sinnlos zu finden, stößt ihn ab und er will sich nicht weiter dazu äußern. Das Gespräch wird beendet.

Dass eine solche Kritik von B den Fortgang eines Gesprächs riskiert, ist vielen durchaus verständlich. Aber auch **Loben und Zustimmen** können ein Gespräch gefährden. Wenn B z. B. sagt:
B: Das finde ich super. Mit einer Tageszeitung bist du immer auf dem Laufenden.

Auch jetzt entsteht eine Denkpause. Wie soll A auf dieses Kompliment reagieren? Er sagt vielleicht „Ja" und führt das Gespräch, wenn er es nicht beendet, zu einem anderen Thema. Hinzu kommt beim Loben noch ein schlechter Beigeschmack: In der Schule wurden nie die Guten gelobt, sondern nur die Schlechten, wenn Sie etwas Gutes hervorgebracht haben. Ich werde gelobt, also bin ich eigentlich schlecht.

52

Auf jeden Fall wird durch Loben die Fortführung eines Gesprächs gefährdet.

Im **Aktiven Zuhören** würde die Antwort anders ausfallen:

B: Wenn ich dich richtig verstehe, hast du dir die Entscheidung nicht leicht gemacht.
A: Das kann man wohl sagen. Zumal das ja auch noch ein Kostenfaktor ist. Aber mich interessieren in letzter Zeit sehr stark die lokalen Nachrichten, die es in der überregionalen Wochenzeitung nun mal eben nicht gibt.

Verkaufsgespräch für Platincoin:

Kunde: Stellen Sie sich vor, ich habe mich endlich überwunden und einen SUV gekauft.
(Gesprächsstörer) Berater: Ein solches Auto ist doch überflüssig. Der zieht zudem doch viel zu viel Sprit.
Kunde denkt: Jetzt muss der Berater nur noch sagen, dass ich mit dem SUV nur angeben will.

Aktives Zuhören sieht da ganz anders aus:
Kunde: Stellen Sie sich vor, ich habe mich endlich überwunden und einen SUV gekauft.
Berater: Wenn ich Sie richtig verstehe, haben Sie alle Vor- und Nachteile lange gegeneinander abgewogen.
Kunde: Ja. Es war keine leichte Entscheidung. Aber ich bin jetzt doch froh, dass ich es gemacht habe. Das ist schon ein tolles Fahrgefühl.
Berater: Man spürt regelrecht, dass Sie Freude an dem neuen Auto haben.
Kunde: Ach ja, man gönnt sich ja sonst nichts!
Berater: Ich denke ja auch an ein neues Auto. Aber ich warte da noch, bis sich der Platincoin entsprechend entwickelt hat. Ich gehe mal noch von 2 Monaten aus, dann steht er auf 50 €. Hier schauen Sie, heute steht er schon bei 10 €.

Notizen:

Aktives Zuhören umfasst:

1. Wiederholen
2. Klären
3. Nachfragen
4. Denkanstoß geben
5. Gefühle ansprechen

Bisher besprochene Gesprächsstörer:

- befehlen, anordnen
- warnen, drohen
- verspotten, ironisieren, beschimpfen, Klischees verwenden
- Vorwürfe machen, beschuldigen, widersprechen
- Lebensweisheiten zum Besten geben
- nicht ernst nehmen, widersprechen
- überreden
- von sich reden
- bewerten, kritisieren, loben, zustimmen

Der Gesprächsstörer Nr. 10:

<u>Vorschläge machen, Lösungen anbieten, analysieren, moralisieren</u>

Allgemeines Beispiel:

A: Ich hatte heute Nacht einen Alptraum, wachte auf und konnte dann überhaupt nicht mehr einschlafen.
B: Geh doch einfach mal zum Arzt.

Auf diesen Spruch hat A nur gewartet. Den konnte sich B regelrecht sparen. Freiwillig würde A das Gespräch nicht fortsetzen.

Der Gesprächsstörer im Kundengespräch:
Berater: Vielen Dank, Herr Meier, für diesen Termin. Ich hatte Ihnen ja schon am Telefon gesagt, dass es sich um eine vollkommen neue Technologie handelt.
Kunde: Oh Gott. Ich gehöre noch zu der Generation, die ohne Handy und Computer aufgewachsen ist. Mit dieser neuen Technik sind Sie bei mir an der völlig falschen Adresse.
Berater: Dann sollten Sie aber zu Ihrem eigenen Vorteil Ihre Einstellung ändern.

Dieses Gespräch ist bald zu Ende.

Verkaufsgespräch für Platincoin:

Kunde: Oh Gott. Ich gehöre noch zu der Generation, die ohne Handy und Computer aufgewachsen ist. Mit dieser neuen Technik sind Sie bei mir an der völlig falschen Adresse.
Berater: Sie sprechen mir aus der Seele. Ich weiß noch, wie ich als Student aus der gelben Telefonzelle zu Hause angerufen habe.
Kunde: Ja, so war das früher. Aber die neuen Handys haben auch Vorteile. Das ist heute schon viel bequemer und praktischer.
Berater: Was die Smartphone heute schon alles leisten, das ist der reine Wahnsinn. Schauen Sie mal hier, ich kann zum Beispiel den aktuellen Stand von Platincoin an der Börse sehen. Ich weiß zu jeder Zeit, was mein Geld wert ist.

An dieser Gesprächsführung kann man sehr schön erkennen, welche Chancen das **Aktive Zuhören** bieten kann. Kein menschliches Handeln ist so unendlich vielfältig wie die Sprache. Was nützt mir ein Termin, wenn ich das **Aktive Zuhören** nicht beherrsche? Nichts.

Aber das Gespräch geht weiter:
Kunde: Wenn ich ehrlich bin, verstehe ich nur Bahnhof. Was ist denn Platin nun, ein Edelmetall oder?
Berater: Das Wort Platincoin ist ein zusammengesetztes Wort aus Platin, dem Edelmetall, wie Sie richtig erkannt haben und dem englischen Wort Coin, was nichts Anderes bedeutet als Münze.
Kunde: Trotzdem versteh ich das nicht, tut mir leid.

Berater: Um es mal einfach zu sagen: Platincoin ist eine Krypto-Währung. Eine Einheit ist eine Münze, die es nur im Internet gibt, die man aber kaufen kann, ja sogar an der Börse handeln kann.

Kunde: Wie kann ich mir das vorstellen. Beim Geld weiß ich, das ist ein 20 €uroschein, den sehe ich und den habe ich in der Hand.

Berater: Sicherlich wissen Sie, was eine Video-Kassette ist?

Kunde nickt.

Berater: Da haben Sie zum Beispiel eine Video-Kassette, in der ein Film ist, ein Krimi oder Western, ist auch egal. Sie mögen diesen Film und Sie haben für die Kassette 20 €uro bezahlt. Auch wenn Sie die Kassette aufbrechen, Sie werden keinen Film sehen können. Dafür benötigen Sie ein Wiedergabegerät, einen Video-Recorder. Das Gleiche ist mit den Platincoins im Computer, bzw. im Internet. Auch können Sie die Coins nur besitzen, wenn Sie ein Smartphone oder Internetzugang haben. Und genauso wie der Videofilm letztendlich eine Summe von unendlichen Rechenvorgängen ist, ist es auch mit den Internetcoins. Nur mit einem ganz wesentlichen Unterschied: Die Anzahl der möglichen Coins ist begrenzt. Darum werden sie teurer, wenn die Nachfrage steigt. Bei Ihrem €uro ist es leider umgedreht. Der €uro verliert permanent an Wert und das nennt man Inflation.

Kunde: Dann sollte man doch eigentlich sein Geld in Coins als in €uro anlegen. Aber warum tut man das nicht?

Berater: Weil die meisten Menschen Platincoin nicht kennen. Platincoin gibt es erst seit einem Jahr. Aber über 200.000 Personen machen schon mit und es werden täglich mehr. Außerdem gibt es Platincoin auf allen Konti-

58

nenten, in über 140 Ländern und in über 18 Sprachen. Bald wird Platincoin genauso selbstverständlich sein wie das Internet selbst. Und weil Platincoin erst am Anfang steht, hat man jetzt die größten Chancen an der rasanten Wertentwicklung teilzuhaben. Schauen Sie mal hier. Jetzt steht er bei 5, dann springt er auf 10 und da steht schon 50 in der Wartestellung. Wenn Sie sich jetzt kostenlos registrieren, kriegen Sie diese Möglichkeit auch sofort auf Ihr Handy. Sagen Sie mir einfach Ihre Email und denken Sie sich ein Passwort aus.
…

Notizen:

Aktives Zuhören umfasst:

1. Wiederholen
2. Klären
3. Nachfragen
4. Denkanstoß geben
5. Gefühle ansprechen

Bisher besprochene Gesprächsstörer:

- befehlen, anordnen
- warnen, drohen
- verspotten, ironisieren, beschimpfen, Klischees verwenden
- Vorwürfe machen, beschuldigen, widersprechen
- Lebensweisheiten zum Besten geben
- nicht ernst nehmen, widersprechen
- überreden
- von sich reden
- bewerten, kritisieren, loben, zustimmen
- Vorschläge machen, Lösungen anbieten, analysieren, moralisieren

Der Gesprächsstörer Nr. 11:

<u>**Ausfragen**</u>

Allgemeines Beispiel:

A: Ich möchte so gerne aufhören zu rauchen und schaff es einfach nicht.
B: Wie viel rauchst du denn?

Mal ganz ehrlich, wenn du aufhören willst zu rauchen, ist es dann entscheidend und wichtig zu klären, ob man 10, 20 oder 30 Zigaretten am Tag raucht. Und dann soll ich auch noch die Menge offenlegen? Das wird ja immer peinlicher. Von diesem Gesprächspartner kann ich nicht viel erwarten. Am besten ich wechsel das Thema oder rede überhaupt nicht weiter.

Wer will schon ausgefragt werden? Es ist in der Wolfssprache üblich, immer so zu fragen, dass man bei Kritik behaupten kann: Ich habe doch nur gefragt und nichts bewertet. Es ist doch seine Sache, ober er mit dem Rauchen aufhören will. Usw…

Verkaufsgespräch für Platincoin:

Kunde: Ich würde wohl wieder etwas investieren, aber ich habe schon sehr viel Geld angelegt.
(Gesprächsstörer) Berater: Welche Summen haben Sie denn schon in Anlagen investiert?

Hiermit ist das Gespräch beendet. Der Kunde denkt: Ich soll ihm auch noch offenlegen, was ich wie angelegt habe. Das ist ausschließlich meine Sache. Das hat ihn einen „Dreck" zu interessieren. Als wenn ich nicht alles richtig gemacht hätte. Ich habe mein Geld gut und sicher angelegt und dabei bleibe ich. Ich lasse mich nicht ausfragen!

Aktives Zuhören, das den Sinn hat, das Gespräch weiter zu führen, müsste anders aussehen. Man sollte das Gehörte mit eigenen Worten widergeben und die dahinter verborgenen Gefühle ansprechen:

Hier noch einmal:
Kunde: Ich würde wohl wieder etwas investieren, aber ich habe schon sehr viel Geld angelegt.
Berater: So wie ich Sie verstanden habe, tragen Sie sich schon mit dem Gedanken, die eine oder andere Summe umzuschichten. Was müsste diese neue Anlage bieten, damit Sie das Gefühl haben, das Richtige zu tun, also ein gutes Gefühl haben.
(**Aktives Zuhören** mit Denkanstoß)
Nun ist der Kunde gefragt. Der Berater hat ihn richtig verstanden. Die eine oder andere Anlage bringt wirklich nichts, zum Beispiel der Bausparvertrag. Den wollte er ja immer schon aufgelöst haben.

Daher kann es ein, das der Kunde so antwortet:
Ich gehe ungern Risiken ein. Darum habe ich auch noch einen Bausparvertrag. Der ist zwar gesetzlich geschützt, aber hat eine sehr schlechte Verzinsung. Da könnten wir mal darüber nachdenken. Aber ich weiß gar nicht, ob und wie man da 'raus kommt.
Jetzt kann sich der Berater freuen, denn damit kennt er sich aus und kann weiterhelfen.

Notizen:

Aktives Zuhören umfasst:

1. Wiederholen
2. Klären
3. Nachfragen
4. Denkanstoß geben
5. Gefühle ansprechen

Bisher besprochene Gesprächsstörer:

- befehlen, anordnen
- warnen, drohen
- verspotten, ironisieren, beschimpfen, Klischees verwenden
- Vorwürfe machen, beschuldigen, widersprechen
- Lebensweisheiten zum Besten geben
- nicht ernst nehmen, widersprechen
- überreden
- von sich reden
- bewerten, kritisieren, loben, zustimmen
- Vorschläge machen, Lösungen anbieten, analysieren, moralisieren
- ausfragen

Der Gesprächsstörer Nr. 12:

Herunterspielen

Beispiel

A: Ich hab Pech gehabt, ich bin durch die Fahrprüfung gefallen.
B: Ach, das geht vielen so, das nächste Mal wird´s schon klappen.

Das Herunterspielen wird im Alltag als solches nicht wahrgenommen und fälschlicherweise als Mitgefühl interpretiert. Das Herunterspielen geht nicht auf den Gesprächspartner ein, sondern lässt das Gegenüber quasi im Regen stehen und hemmt es, auf sein Gesagtes näher einzugehen. Der Gesprächspartner ist geneigt, das Gespräch zu beenden, weil er das Gefühl hat, nicht verstanden und ernstgenommen zu werden.

Negativbeispiel eines Verkaufsgesprächs:
Kunde: Sie sprechen von Vorteilen und Gewinnen bei Platincoin. Ich habe bisher nur Pech gehabt bei meinen Geldanlagen und Zigtausende in den Sand gesetzt.
(Gesprächsstörer) Berater: Ach, das ging vielen so, mit Platincoin wird es aber klappen.

Diese scheinbare Antwort zerstört das Gespräch, spätestens jetzt hat der Kunde keine Lust mehr, weiter zu reden. Er denkt: Der kann mir viel erzählen. Der widerspricht meinen eigenen Lebenserfahrungen. Der versteht die Welt nicht, wie sie wirklich ist. Mit dem brauche ich mich nicht weiter zu unterhalten.

Verkaufsgespräch für Platincoin:

Kunde: Sie sprechen von Vorteilen und Gewinnen bei Platincoin. Ich habe bisher nur Pech gehabt bei meinen Geldanlagen und Zigtausende in den Sand gesetzt.
Berater: Das kann ich sehr gut nachvollziehen. Sie müssen viel Geld verloren haben und das ärgert sie gewaltig, nicht wahr?

Und das Gespräch geht weiter. Zum Beispiel:
Kunde: Das kann man wohl sagen, Sie können sich gar nicht vorstellen, wie lange ich gebraucht habe, diesen Verlust wieder auszugleichen....

Jetzt kann der Berater konstruktiv ansetzen ...

Notizen:

Aktives Zuhören umfasst:

1. Wiederholen
2. Klären
3. Nachfragen
4. Denkanstoß geben
5. Gefühle ansprechen

Bisher besprochene Gesprächsstörer:

- befehlen, anordnen
- warnen, drohen
- verspotten, ironisieren, beschimpfen, Klischees verwenden
- Vorwürfe machen, beschuldigen, widersprechen
- Lebensweisheiten zum Besten geben
- nicht ernst nehmen, widersprechen
- überreden
- von sich reden
- bewerten, kritisieren, loben, zustimmen
- Vorschläge machen, Lösungen anbieten, analysieren, moralisieren
- Ausfragen
- herunterspielen

Der Gesprächsstörer Nr. 13:

Ursachen aufzeigen, Hintergründe deuten, in die „Schublade stecken"

Beispiel:

A: Ich bin in letzter Zeit immer so traurig und unausgeglichen.
B: Ja, ja – das sind Depressionen in den Wechseljahren. (Gesprächsstörer)

Die Person B geht überhaupt nicht auf die Aussage von A ein, sondern gibt eine eigene Deutung zum Besten, die zufälligerweise passen kann, aber eher selten stimmt.
Ein ehrlich sprechender B würde zum Beispiel fragen, warum A denn so traurig sei. Das wäre, ohne das Wissen um das **Aktive Zuhören**, ein angemessener Weg, um die Kommunikation zu fördern.
Bei diesem Bespiel eines Gesprächsstörers soll es nicht darum gehen, das **Aktive Zuhören** zu verstehen, sondern den Gesprächsstörer zu erkennen, dafür sensibel zu werden.

Allgemeines Beispiel:

A sagt: Das ist mir jetzt alles zu viel.

(Gesprächsstörer) B: Das kommt daher, dass Sie sich den Terminkalender zu voll gepackt haben.

Nach solch einem Gesprächsstörer, der vielleicht sogar gut gemeint war, ist das Gespräch sehr bald beendet. Der Gegenüber lässt sich doch nicht vorschreiben, wie voll er seinen Terminkalender packen will.

Verkaufsgespräch für Platincoin:

Dein potentieller Kunde sagt:
Das ist mir jetzt alles zu viel.
Berater: Wenn ich Sie richtig verstehe, haben Sie extrem viel zu tun und das belastet Sie.
Kunde: Sie sprechen mir aus der Seele. Ich muss das bald ändern, sonst erleide ich noch einen Herzinfarkt oder so etwas wie Burning out.

Hier kann nun der Berater sehr gut umschwenken und zu den erholsamen Vorzügen von Platincoin kommen: Stressfrei in eine finanzielle Freiheit und Entspanntheit.

Notizen:

Alle bisher besprochene Gesprächsstörer noch einmal im Überblick:

- befehlen, anordnen

- warnen, drohen

- verspotten, ironisieren, beschimpfen, Klischees verwenden

- Vorwürfe machen, beschuldigen, widersprechen

- Lebensweisheiten zum Besten geben

- nicht ernst nehmen, widersprechen

- überreden

- von sich reden

- bewerten, kritisieren, loben, zustimmen

- Vorschläge machen, Lösungen anbieten, analysieren, moralisieren

- ausfragen

- herunterspielen

- Ursachen aufzeigen, Hintergründe deuten, in die „Schublade stecken"

1. Wiederholen, umschreiben, zusammenfassen, Gefühle in Beziehung setzen

A: Eigentlich will ich mir schon lange ein neues Smartphone kaufen, andererseits würde ich gern dieses Jahr eine größere Reise unternehmen. Ich bin mir da sehr unschlüssig.

B: Du kannst dich gerade nicht zwischen dem Handy und der Reise entscheiden.

2. Klären

A: Kommende Woche habe ich bereits meine nächste Prüfung, und es ist vollkommen unmöglich, dass ich den ganzen Stoff noch bewältigen kann. Aber diesmal muss ich es einfach schaffen.

B: Wenn ich dich richtig verstehe, glaubst du, dass du es kaum noch schaffst.

3. Nachfragen

A: Bei uns im Betrieb herrscht seit einiger Zeit ein sehr schlechtes Arbeitsklima.

B: Ich kann mir das noch nicht richtig vorstellen, könntest du es mir etwas genauer ausführen?

4. Weiterführen, Denkanstoß geben

A: Mein Vater hat am Wochenende 60. Geburtstag und ich wollte eigentlich nach Hause fahren. Jetzt hat sich aber ein Schulfreund angekündigt, der mich genau an diesem Wochenende besuchen möchte und den ich jahrelang nicht gesehen habe. Nun sitze ich richtig zwischen den Stühlen.

B: Ich frage mich, wie viel dir an dem Schulfreund liegt.

5. Gefühle ansprechen

A: Ich habe mich so auf das Fest gefreut und jetzt sitzen wir nur alle rum, und es ist langweilig.

B: Du bist jetzt ganz enttäuscht.

6. In Beziehung-setzen

A: Ich habe die Möglichkeit, zum Skifahren zu gehen und weiß, dass ich Erholung dringend nötig hätte, aber es ist ein ziemlich kostspieliges Vergnügen.

B: Einerseits benötigst du Erholung, möchtest aber auch nicht so viel Geld ausgeben.

für das aktive Zuhören

im kognitiven Bereich

Wenn ich Sie richtig verstehe, dann
meinen Sie, dass …
glauben Sie, dass …
überlagen Sie, ob …
zweifeln Sie, ob …
sind Sie nicht ganz sicher, dass …
möchten Sie gerne wissen, dass …
zerbrechen Sie sich den Kopf darüber, dass …
können Sie sich vorstellen, dass …
scheint sich in dieser Richtung die Lösung anzubieten …
suchen Sie nach Gründen für …

Nachfragen – klären

Ich habe noch nicht richtig verstanden, ob …
Geht es darum, dass …
Ist es so, dass …
Was möchten Sie genau wissen …

im emotionalen Bereich:

Sie haben das Gefühl, dass …
Sie ärgern sich, weil …
Sie möchten am liebsten alles hinschmeißen …
Sie denken, Sie schaffen es nicht …
Sie sind ganz entmutigt …

Sie möchten gerne, dass …
Am liebsten würden Sie …
Sie hoffen, dass …
Sie können sich nicht entschließen …
Das regt Sie jetzt sehr auf …
Manchmal träumen Sie noch davon …
So etwas denken Sie oft …
Das können Sie gar nicht verstehen …
Das gefällt Ihnen gar nicht …
Darüber wundern Sie sich …
Das finden Sie schrecklich …
Das finden Sie komisch …
Das beschäftigt Sie …
Jetzt sind Sie froh, dass
Sie möchten nicht, dass …
Sie machen sich Sorgen, weil …
Sie sind enttäuscht, weil …
Sie sind frustriert, weil …

Notizen:

Liebe Leserinnen und Leser,

übt die Formulierungen, hört genau hin, was und wie jemand etwas sagt. Hört euch Gespräche in der Familie, im Freundeskreis, in Krimis an oder verfolgt Interviews. Gebraucht jemand Gesprächsstörer und bedient sich fast nur der Wolfssprache oder spricht er empathisch, authentisch, ehrlich und offenherzig? Welche Formulierungen gebraucht er? Lernen kann und muss man immer und die Verkaufsgespräche werden immer besser.

- Carl R. Rogers: *Die nicht direktive Beratung.* Counselling and Psychotherapy, Boston 1942. (München 1972, ISBN 3-463-00535-2) Kindler Studienausgabe
- Carl R. Rogers: *On becoming a person.*
  - o deutsch: *Entwicklung der Persönlichkeit. Psychotherapie aus der Sicht eines Therapeuten.* übers. von Jacqueline Giere. 13. Auflage. Klett-Cotta, Stuttgart 2000, ISBN 3-608-95197-0. (2006, ISBN 3-608-94367-6) das Standardwerk
- Carl R. Rogers: *Partnerschule. Zusammenleben will gelernt sein – das offene Gespräch mit Paaren und Ehepaaren.* Fischer-Verlag, 1991, ISBN 3-596-42236-1.
- Carl R. Rogers: *Der neue Mensch.* 5. Auflage. Klett-Cotta, 1993, ISBN 3-608-95230-6. Alterswerk Rogers
- Carl R. Rogers: *Lernen in Freiheit. Zur Bildungsreform in Schule und Universität.* Kösel-Verlag, München 1984, ISBN 3-466-42042-3.
- Carl R. Rogers: *Gespräch mit Martin Buber.* 1957, genaue Fundstelle siehe dort
- Carl R. Rogers, Barry Stevens: *Person to Person.* Real People Press, 1967.
  - o deutsch: *Von Mensch zu Mensch. Möglichkeiten, sich und anderen zu begegnen.* Junfermann, Paderborn 1984; Neuauflage Peter Hammer Verlag, Wuppertal 2001, ISBN 3-87294-873-3.
- Carl R. Rogers: *A Theory of Therapy, Personality.*

- o deutsch: *Eine Theorie der Psychotherapie.* 1. Auflage. Reinhardt Ernst, ISBN 3-497-01990-9.

- Beate Brüggemeier: *Wertschätzende Kommunikation im Business.* Junfermann, Paderborn 2010, ISBN 978-3-87387-750-4.
- Marshall B. Rosenberg: *Gewaltfreie Kommunikation.* 11. überarb. und erw. Auflage. Junfermann, Paderborn 2013, ISBN 978-3-87387-454-1.
- Marshall B. Rosenberg, Gabriele Seils: *Konflikte lösen durch Gewaltfreie Kommunikation. Ein Gespräch mit Gabriele Seils.* 5. Auflage, Verlag Herder, Freiburg/Basel/Wien 2005, ISBN 3-451-05447-7.
- Marshall B. Rosenberg: *Die Sprache des Friedens sprechen.* Junfermann, Paderborn 2006, ISBN 3-87387-640-X.
- Marshall B. Rosenberg: *Das können wir klären!* 2. Auflage, Junfermann, Paderborn 2007, ISBN 978-3-87387-568-5.
- Marshall B. Rosenberg: *Erziehung, die das Leben bereichert. Gewaltfreie Kommunikation im Schulalltag.* 3. Auflage, Junfermann, Paderborn 2007, ISBN 978-3-87387-566-1.
- Andreas Basu, Liane Faust: *Gewaltfreie Kommunikation.* 2. Auflage, Haufe, Freiburg 2013, ISBN 978-3-648-04700-2.
- Klaus-Dieter Gens: *Mit dem Herzen hört man besser. Einladung zur Gewaltfreien Kommunikation.* Junfermann, Paderborn 2007, ISBN 978-3-87387-667-5.

- Ingrid Holler und Vera Heim: *Konflikt-Kiste. Konflikte erfolgreich lösen mit der Gewaltfreien Kommunikation.* Junfermann, Paderborn 2005, ISBN 3-87387-597-7.
- Wayland Myers: *Die Grundlagen der Gewaltfreien Kommunikation.* Junfermann, Paderborn 2006, ISBN 3-87387-621-3.
- Karoline I. Bitschnau: *Gewaltfreie Kommunikation als relationale und soziale Kompetenz.* Empirische Studie zur Qualität zwischenmenschlicher Verständigung, Dissertation Universität Innsbruck 2007.
- Julia Döring: *Gewalt und Kommunikation.* Essener Studien zur Semiotik und Kommunikationsforschung, Bd. 29. Shaker, Aachen 2009, ISBN 978-3-8322-8661-3.
- Gabriele Lindemann, Vera Heim: *Erfolgsfaktor Menschlichkeit – Wertschätzend führen-wirksam kommunizieren.* 2. Auflage, Junfermann, Paderborn 2010, ISBN 978-3-87387-751-1.
- Christian Rüther: Skript zum GFK-Jahrestraining, Wien, o. J. (kostenloses PDF, 200 Seiten)

Suchwörter bei Youtube:

- Platincoin Präsentation Deutsch
- Aktives Zuhören
- Gewaltfreie Kommunikation